झरोखे से झाँकता चाँद

(काव्य-संग्रह)

वाणी प्रकाशन

21-ए, दरियागंज, नई दिल्ली-110002

फोन : 011-23273167, 23275710, 41562622

फैक्स : 011-23275710

e-mail : vani_prakashan@yahoo.com

झरोखे से झाँकता चाँद

(मूल मराठी काव्य रचना—'चन्द्रकवडसे' का हिन्दी अनुवाद)

सुनन्दा शेलके

अनुवाद

डॉ. सरदार मुजावर

वाणी प्रकाशन का लोगो
विख्यात चित्रकार मकबूल फिदा हुसेन
की कूची से

ISBN : 81-8143-472-2

वाणी प्रकाशन
21-ए, दरियागंज, नयी दिल्ली-110002
द्वारा प्रकाशित

प्रथम संस्करण : 2006

मूल्य : 125.00

हिन्दी अनुवाद : वाणी प्रकाशन

आवरण : वाणी चित्रांकन

शुभम् आफॅसेट, दिल्ली-110032
द्वारा मुद्रित

JHAROKHE SE JHANKTA CHAND
(Poems)
***by* Sunanda Shelke**
translated by Dr. Sardar Mujavar

सुप्रसिद्ध
शायर
निदा फाज़ली
के
नाम

मेरे ये पैर
खरगोश के कलेजे-सा है
मेरा ये मन
आहट को भी
जान लेता है यह
कुछ मत कह मुझसे
चुप रहकर भी ये
समझाती हैं सब कुछ
बस तड़पाती हैं
रात-दिन मुझे
ये मदमाती हवाएँ जंगल की
मुझसे परे
मत जा तू
आती है ये बात
पलकों से मेरी

भूमिका

श्रीमती सुनन्दा शेलके आज मराठी साहित्य में एक चर्चित कवयित्री मानी जाती हैं। कई मराठी कवि सम्मेलनों में उन्होंने अपनी विशिष्ट शैली से रसिक श्रोताओं पर अपनी अमिट छाप छोड़ी है। उनका मराठी में पहला काव्य-संग्रह सन् 2001 में 'चन्द्रकवडसे' नाम से छपा है। संयोग-वियोग की भाव-दशाओं को दर्शाने वाला यह काव्य-संग्रह पाठकों को काफी हद तक प्रभावित करता है। इस संग्रह की कविताओं को पढ़ने के बाद मुझे ऐसा लगा कि यह काव्य-संग्रह अगर हिन्दी में अनूदित हुआ तो एक बड़ी सार्थक बात होगी। इसलिए मैंने हिन्दी में इस रचना को 'झरोखे से झाँकता चाँद' नाम से अनूदित किया। 'चन्द्रकवडसे' इस मराठी काव्य-संग्रह की लगभग तिहत्तर कविताओं का हिन्दी में अनुवाद करते हुए मैं प्रसन्नता का अनुभव कर रहा हूँ। इसकी वजह यह भी है कि आज तक मैं हिन्दी ग़ज़लों पर शोधकार्य एवं समीक्षा कार्य से जुड़ा रहा। सर ऊपर उठाने की फुरसत ही नहीं मिली। मगर ज़िन्दगी की राह पर चलते हुए एक दिन श्रीमती सुनन्दा शेलके से मेरी मुख्तसर-सी मुलाक़ात हुई। उस मुलाक़ात के दौरान उन्होंने मुझे अपनी मराठी काव्य-संग्रह की किताब 'चन्द्रकवडसे' प्रदान की। कई दिनों की लगातार मेहनत के बाद इस रचना का हिन्दी अनुवाद आज आपके सामने प्रस्तुत है।

श्रीमती सुनन्दा शेलके ने इन कविताओं के माध्यम से प्रेम की दो भाव दशाओं—संयोग और वियोग का इतना अनुभूतिपूर्ण चित्रण किया है कि उनकी अपनी अनुभूतियाँ जैसे हम सबकी अनुभूतियाँ बन जाती हैं। संयोग भाव को कवयित्री ने कुछ इस तरह से प्रस्तुत किया है—

बारिश की
वो झड़ी
और तेरे स्पर्श का

वो मधुर बहाव
उसी में पूरी तरह डूबने को
बेचैन मेरा यह जिस्म
मेरे सारे जिस्म से
लिपटी हुई चाँद की वो रोशनी
ये बता
कहाँ से सीखा तूने
प्राणों को प्राणों से बाँधना?

उनके काव्य में वियोग भाव के कुछ दृश्य तो अत्यन्त प्रभावशाली बन पड़े हैं। प्रियतम से दूर जाने की पीड़ा कहीं-न-कहीं मन में तीर की तरह चुभती रहती है। ऐसे में बेकरारी का आलम कितना तकलीफदेह होता है यह बात किसी से छुपी नहीं है। यहाँ उनका एक काव्य-दृश्य देखिए—

पल-पल
तेरी याद आती है
और
मैं हवाओं के साथ गाती हूँ,
तूने मुझे अर्पित किए थे
वो सारे गीत, उन गीतों की ही
होती है बारिश हरदम

इस तरह कभी हँसना, कभी रोना, कभी आशा, कभी निराशा, कभी धूप तो कभी छाँव का यह अनोखा खेल उनकी कविताओं में कदम-दर-कदम देखने को मिलता है। दरअसल सदियों से काव्य में प्रेम का विषय सबके लिए एक आकर्षण का विषय बना है। इसलिए वह कोई भी काव्य-रचना हो जिसमें प्रेम के बारे में कुछ कहा गया हो, वह तमाम अवाम को पसंद आती है। कवयित्री ने प्रेम के जिन लम्हों को जिया है, वो सारे लम्हे एक-एक करके उनकी कविताओं में पूरी शिद्दत के साथ अभिव्यक्त हुए हैं। 'झरोखे से झाँकता चाँद' की रचनाओं में कवयित्री के भावों को ज्यों-का-त्यों हिन्दी में ढालने का भरसक प्रयास किया है। इसमें मुझे कितनी सफलता मिली है, इसका निर्णय तो आप जैसे काव्य के चहेते ही कर पाएँगे। मुझे आशा है कि श्रीमती सुनन्दा शेलके के इस काव्य-संग्रह का हिन्दी काव्य-संसार में स्वागत होगा और एक उभरती हुई मराठी कवयित्री की भावनाओं को जानने-समझने

के लिए एक व्यापक पाठक वर्ग मिल जाएगा और आखिरकार उनकी हौसला-अफ़जाई होगी। इन्हीं शुभकामनाओं के साथ।

डॉ. सरदार मुजावर

अध्यक्ष,
हिन्दी विभाग
किसन वीर कालेज,
वाई-412803 जि. सतारा (महाराष्ट्र)

बता कब होगी खत्म
ऊंचे पहाड़ की
यह घाटी?
और कितनी दूर है
मेरी वो शेष भोर?

अनुक्रम

1. झरोखे से झाँकता चाँद 15
2. मेहँदी से रंगे हाथों में 16
3. झरोखे से झाँकती किरण 18
4. ये कैसी लाज 19
5. आँखों से मिलने के लिए 20
6. बाँहों की गुफाओं में 21
7. देखें आधा चन्द्रमा 22
8. यह कौन सुलगाता है ज्वाला 23
9. रंग खेलते हुए 24
10. पलकों के आँगन में 25
11. चाँदनी 26
12. चाँदनी को माथे पर सजा कर 28
13. प्रेम के साये 29
14. आँगन के नीम को 30
15. नज़रों से मिलती है नज़र 31
16. तू तो सावन लगता है 32
17. पल पल तेरी याद 34
18. साँसों का मोगरा 35
19. उसकी स्मृतियों के किनारे 36
20. वेदना दीवानी 37
21. ले ले मुझे आगोश में 39
22. कैसी है ये शाम 40
23. दहलीज के पास 42
24. कोई मेरे दिल को छेड़ता है 43
25. दीवारों में बन्द सपने 45

26. उर्मिला	46
27. जंगल मोगरा	47
28. फिर आई बरसात	48
29. सायली	49
30. यूँ रूठी मैं शब्दों पर	50
31. तेरी पलकों के देस में	51
32. यूँ किसी को सताना अच्छा नहीं	54
33. मिलें बस नज़र से नज़र	55
34. केतकी के बन से	56
35. प्यासे हैं मेरे गीत	58
36. जंगल झड़ी की वर्षा	59
37. आता है आँखों में पानी	60
38. गीली पलकें	61
39. यूँ किस लिए देता है बेकरारी?	62
40. इस राह पर	63
41. कोई तो यहाँ आए	64
42. सुनाई देती है बाँसुरी	65
43. स्मृतियों का खेल	66
44. कभी कभी मन का कबूतर	67
45. आसपास	68
46. कैसे कहूँ मैं?	69
47. फड़कती पलकें	71
48. मेरी वो शेष भोर	73
49. स्मृतियों की सीपियाँ	75
50. धीरे से झाँका दरख़्त ने	77
51. आसमान का ओढ़ना	79
52. प्रायश्चित्त	80
53. कुछ है अभी भी	81
54. रोमांच के क्षणों में	82
55. तड़पती हूँ मैं	83
56. बेचैन है दिल मेरा	84
57. सुख का भ्रम	86

58. मिल गई मुझे राह 88
59. माँग 90
60. किसने चुराया वह आसमान 91
61. आठ दिनों की स्मृतियाँ 93
62. यूँ देखा है किसी ने 94
63. अटूट 95
64. कभी कभी तो 96
65. कहना है खूब 97
66. मत जा अकेले 98
67. बावरी खड़ी हूँ मैं 99
68. आलिंगन 101
69. यह जिस्म फूलों की सेज-सा 102
70. पलकों में तेरी रहने दे मुझे 104
71. तेरे मेरे द्वार पर 105
72. प्रतीक्षा 106
73. पल पल तेरा 107

दूर क्षितिज के उस पार
आज अक्षरों के बीच से
धीरे से झाँका दरख़्त ने
जगाया है यूँ आज उसने
मेरे मन का भाप
चीरा गया है अन्तर्मन भी
यूँ कुछ तो ठण्डी हुई है
ये आग दिल की

1. झरोखे से झाँकता चाँद

बारिश की
वो झड़ी
और तेरे स्पर्श का
वो मधुर बहाव
उसी में पूरी तरह डूबने को
बेचैन मेरा यह जिस्म
मेरे सारे जिस्म से
लिपटी हुई चाँद की वो रोशनी
ये बता
कहाँ से सीखा तूने प्राणों को प्राणों से बाँधना
मेरे दिल में
तेरे स्पर्श की वो यादें
जाने-अनजाने
मेरे कलेजे में जम गईं
वो बारिश की झड़ी
वो तेरी बाँहों की जकड़न
मेरी रग-रग में समाई है
तेरे गीले जिस्म की
वो मधुर महक
कभी ओढ़ लेती हूँ मैं
तेरे जिस्म के स्पर्श की वो निशानियाँ
कुछ ऐसा लिपटा है
मेरे प्राणों से
यह झरोखे से
झाँकता चाँद

2. मेहँदी से रंगे हाथों में

मेहँदी से रंगे हाथों में
लगता है
तेरा चेहरा भर लें
और आँखों में
गहरे उतरकर
चुन लें तेरी आँखों के मोतियों को
एक-एक रेखा को
अंकित करते हुए
तेरे रूप को
तराशा है मैंने
रंगों-रंगों में
रंगाया है मैंने
तेरी नज़रों के
दीपों को
फूल-पत्तों से
तराशा है मैंने तेरा ही नाम और
इन तलहाथों में
बनाया है तेरा ही गाँव
मेहँदी भरे हाथों से
दुलारें और दुलारें
तेरे जिस्म को
उँगुली उँगुली बेचैन है
खड़ी है यह माया
सिर्फ तेरे लिए
मेहँदी से भरे हाथों में

ले लें तेरा वो मीठा हाथ
कली-कली
हर कली
यूँ खिलने लगी है आज

3. झरोखे से झाँकती किरण

उसका वह
कशिश भरा आलिंगन
और
पल-पल पिघलना
कुछ याद नहीं है
आज
सिर्फ बौराई है धुन
ठहरना चाहिए था
वक्त को भी
वहाँ पर
आज का यह
छुपा हुआ चाँद
और
उसका वह
झरोखे से झाँकना
मेरे कलेजे से
लिपट कर
लहराती है
मन के निकट
उसकी वह
नर्म-सी धूप
खो गई मैं
अपने प्राणों को
लम्हों के निकट
लम्हों के लिए
मिलकर गया वह यूँ
जैसे मीरा से कोई कन्हैया

4. ये कैसी लाज

बिखरा दिया किसी ने
आँचल आज पश्चिम दिशा पर
पत्तों-पत्तों से
छलकने लगी है
ये कैसी लाज?
राह निशानियों की लेकर
नक्काशी कुछ कहती है
ठहरा राही तब यहाँ
तेरे कदमों की आहट से
इन कुसुमों पर
उसकी गीली-गीली साँसें
देख ले उगेंगे पुराने भ्रम
इन परागों से
वो यहाँ नहीं है
फिर भी
हवाओं में है उसकी महक
पत्तों-पत्तों से
छलकने लगी है ये कैसी लाज?

5. आँखों से मिलने के लिए

सन्ध्या समय
डालों पर सनसनाती हैं
ये हवाएँ और
मेरे इस कलेजे पर
पड़ जाता है पेंच
गीला-गीला
मौन है मेरी गन्धभाषा
गन्ध आती है
उसकी पलकों से
एक बार आँखों से
मिलने के लिए
छटपटाते हैं सदा
यूँ मेरे प्राण

6. बाँहों की गुफाओं में

भूल गई मैं
अपनी राह और
आस-पास की
घनी झाड़ियाँ
तेरी बाँहों की
गुफाओं में
घना अँधेरा ही
अँधेरा
ऐसे में
छेड़ दिया गान्धार तूने
तेरे कपोलों की
गेंद के पास उन्मत्त सिमटी हुई
यह गन्ध
आँखों के होते हुए भी
बनी थी मैं अन्धी
तेरे ओठों के किनारे
कहीं छुप गई
वह हँसी
ऐसा खींच लेगा
मुझे तू
तेरी रग-रग से
निकला हुआ संगीत
भिड़ जाएगा मेरे कलेजे से

7. देखें आधा चन्द्रमा

जहाँ तेरे कदमों की
उग आई निशानी-दर-निशानी
आज वहाँ की मिट्टी को
मन सँभालता है
धूप में सुवर्णचम्पा के फूल
साथ-साथ चुनें
हाथों में हाथ डालकर
देखें आधा चन्द्रमा
पाँव चलें चलें
फिर मायके चलें
घनी बरसात में तब
हम दोनों ने
चुन ली थी चाँदनी
जहाँ राम की मिथिला
उनके साथ दौड़ी
घाटी-दर-घाटी में लहराई
बन मेघ की छाया
कितने लम्हों को याद करें
आँखें मिटने से न मिटें
गीली हल्दी बदन की
यूँ बरसात से धूलें

8. यह कौन सुलगाता है ज्वाला

यूँ ही तेरी आँखों में
गहरे डूबते हुए
मिल गया मुझे वह
धूप में चमकता पत्ता
मन में कल-कल करती
तरंगें उठीं-फूटीं
अंकित हुई कलेजे पर
चकोरी निशानी
कैसा यह तूफान
मचलता है मन में मेरे
कैसा है यह बन्धन
जिसका कोई नाम नहीं
लेकिन कृष्णदेव के
मौन संकेत से
तू ही बता
कैसे मुझसे कुछ कहा तूने?
या फिर मत बता
शब्दों की ही कमी है उसके लिए
मुझे सिर्फ डूबने में
इसी तरह अखण्ड रूप से
मत तलाश कर
यह किसने सुलगाई ज्वाला
तराशकर जुगनुओं की तरह
प्रकाश की नक्काशी

9. रंग खेलते हुए

फागुन की सन्ध्या सीमा पर
मयूर पंखों की बिखरावट हुई
'उन' आँखों की पंचमी
इस हृदय पर तराशती हैं निशानियाँ
तेरे साथ रंग खेलते हुए
इन हाथों में क्या कमी है?
दोपहर की ग्रीष्म की धूप
चाँदनी छाया बनकर आती है
मन करता है तेरा रंग
अपनी देह पर लगा लें
पर उतना मेरा भाग्य कहाँ?
गन्ध सुन्दर उन रंगों का
फाहा बनकर जीवन में आएँ
हृदय रंगों की अखण्ड बिखरावट
भरकर हाथों में पिऊँगी मैं
और सब कुशल होगा सदा
फूल पंखों को अपनी देह पर लगाकर

10. पलकों के आँगन में

पलकों के आँगन में
आज यूँ निकल आया
पूनम का चाँद
और फिर
डूबने से पहले ही
क्षितिज के पीछे चला गया
साँसों की गन्ध से भीगा
वह भ्रम यहाँ-वहाँ
देह लपेट लेता है
तेरा वह
झरोखे से झाँकता चाँद
क्यूँ घेर कर
शेष हृदय को
और छुपता है क्षण में
यूँ ही संकेत करते हुए
खेल फूलों का सजाकर
मेरी कली तोड़ मत
फिर क्षितिज के पीछे से
यूँ प्राणों को घेर मत

11. चाँदनी

कहाँ खो गए
वो गीत और गाने
आँखें सिर्फ भावभीगी
वह पहले का ही चन्द्रमा
निहारें आकाश की ओर
चाँदनी भूखी है
मेरे सीने में
किसने चुराया
मन का मोगरा
बालों में लहराए गजरा
वही चन्द्रमा गीत
ओठों पर सजाकर
बाँधे रखा है
मुझे किसी ने
कौन निहारता है
मन के पारे में?
केलकी हवाओं में
रात और दिन
कैसे पुकारूँ, मैं तुझे?
आवाज ही निकलती नहीं
आँखों से मिटती नहीं
मूरत तेरी
किसलिए यह खेल
धूप-छाँव का?
खेल गुड़िया का?

अब बस करें
सत्य के झरोखे
खुल गए द्वार पर
अब शेष है तो
बस यह चाँदनी

12. चाँदनी को माथे पर सजा कर

चाँदनी को
माथे पर सजा कर
चन्दन बन में
घूम आएँ
वैसे ही अचानक
मिलकर जाता है तू
सपनों के स्वर्गीय साये-से
कितने सुहावने हैं
वे स्वप्नभ्रम भी
वे सन्दर्भहीन सहवास
और मुस्कराते रखने वाले भ्रम

13. प्रेम के साये

मेरे मन के
आँगन में
सदा खेलता है तू
इसलिए
दूर गई जब मैं
तब...
यहाँ तेरी ही छाया
प्रेम के साये
सर पर मेरे
प्रेम में मेरे
मैं ही नहीं हूँ
दस दिशाओं में
बस तेरी ही खुश्बू
देखी कसौटी
मैं ही अपनी हूँ आज
प्रेम का यह शृंगार
अंग-प्रत्यंग पर
लगता है कितना सुहाना

14. आँगन के नीम को

आँगन के नीम को
लपेट लिया आधे चाँद ने
नीले-नीले आकाश पर
जैसे क्षितिज ने बनाया बाँध
बेटे, सो जा
हो गई है शाम
चाँद भी हुआ है मद्धम
हवा के साथ लहराती है
रजनीगन्धा बाग में
पलकों को मिटा दे तू
बल भर गया है
पंछियों के पंखों में
पंछियों का यह काफिला
उड़ान भरता है
घोंसलों की ओर
दिन के बारह घण्टे
खेला है तू आसपास
बन्द कर ले आँखें अपनी
और हँस ले थोड़ी-सी हँसी
पलकों के किनारे

15. नज़रों से मिलती है नज़र

संसार से न्यारा
कैसा अनूठा व्यवहार तेरा
मेरी साँस-सुमनों की
हवा का तुझ पर
कोई असर ही नहीं
मिलता ही कहाँ तुझे
उसका वह भाव निमन्त्रण
ऐसी किसने बनाई
दीवार आसपास तेरे?
मेरी मौन गन्ध भाषा
ओठों पर भी न आए
लेकिन लाख ज़ुगनुओं का
सुलगता है कारवाँ पेट में
फिर भी तेरी जुबां
क्यों नहीं पिघलती?
कहीं तो कभी तो मिलती है सिर्फ़
नज़रों से नज़र
संसार से न्यारी
अनूठी कहानी तेरी
मौन बोध से तेरे
नम हो जाती हैं आँखें मेरी

16. तू तो सावन लगता है

तू जाते हुए
बिखरी थी आसमान पर
काली घटा
मन में मेरे
सन्ध्या समय जली बत्तियाँ
कहाँ खो गया वो
विराट सागर समझदारी का?
क्यूँ खोल दिए
जाते जाते
सारे रिश्ते?
तेरे जाने के बाद
मन का चन्द्रमा
यूँ ही डूबता रहता है
सिर्फ निशानियों में से
उग आती है
तेरी छाया
ऐसी ही क्यों
मेरे जैसी वह मिथिला तब
दीवानी होकर आई
हरि के कदमों की तरह
मैं तो मिथिला नहीं हूँ
लेकिन मेरा मन तो
उसकी ही छाया-सा है
आषाढ़ की तरह
बरसता ही रहता है

तेरे आने तक
तू तो सावन लगता है
और मैं बनती हूँ मयूरी
देखते-देखते यूँ
भर जाते हैं प्राण
आँखों में मेरी

17. पल पल तेरी याद

पल पल
तेरी याद आती है
और मैं हवाओं के साथ
गाती हूँ
तूने मुझे अर्पित किए
वो गीत सारे
उन गीतों की ही
होती है हर दम बारिश
पहली बार तू मिला था
जिस घड़ी
उस घड़ी का
लाख-लाख शुक्रिया
उस पल दे बैठी मैं
अपना सारा अस्तित्व तुझे
सन्ध्या के समय
ये किसके पैरों की
आती है आहट
इसी आहट को लेकर
आसमान में निकलता है यह तारा
और बता किसके लिए
मौन से उफनती हैं ये हवाएँ
पल पल
मुझे तेरी याद आती है

18. साँसों का मोगरा

आज का यह समाँ
कुछ और ही लगता है
ये हवाएँ
शान्त-शीतल-सी
कुछ तो बौरा कर
महकती हैं कलेजे के पास
रातरानी की यह गन्ध
साँस साँस सुलगाती है
तब तेरे मजबूत बाहुओं का
वह आलिंगन यूँ ही याद आता है
क्या आएगा दौड़ते हुए
चन्द्रमा को हाथ में लिए हुए
सुनाने के लिए मीठा गीत
तेरे ओठों से गवाकर
तेरी साँसों का मोगरा
अपने माथे पर मैं सजाऊँगी
और स्वप्न-छाया के फूल
तेरे ही आसपास बिखराऊँगी

19. उसकी स्मृतियों के किनारे

आज आषाढ़ के बादल
उतर गए मेरे मन में
स्वप्न कबूतरों का पिटारा
यूँ किसी ने खोल दिया
रिमझिम धाराओं जैसे
उसके शब्द भी गीले-गीले
मेरे तन-मन में
खड़ा बहता है नीम
ग्रीष्म आग बिछाकर
दरख़्त की तलहटी में
सुवर्ण-पीले फूलों को
माघ पेड़ों के सिरहाने
क्षण-क्षण चुनते हैं
उसकी स्मृतियों के किनारे
अनजानी बँधी हुई
रेशम की मजबूत गाँठें
कल रातरानी भी
मेरे कानों में कुछ कहने लगी
और आँखों की सुन्दरता
उतर गई मन में धीरे से

20. वेदना दीवानी

तुम्हारे लिए मेरे ईश्वर
दिया है सब कुछ
फिर भी हृदय में मेरे
बहती है सिर्फ वेदना ही
बनकर एक पेड़
दिए सारे फूल
बाती आँखों की
समर्पित की तुम्हें
सारी पूजा तुम्हारे लिए
सब कुछ किया है
फिर भी हृदय में मेरे
बहती है सिर्फ वेदना ही
एक तूफान में
छूट गया किनारा
और सारे समन्दर ने
घेर लिए मेरे प्राण
सहते हुए लहर-दर-लहर को
छटपटाने लगे यूँ प्राण मेरे
फिर भी मेरी जुबां पर था
एक ही शब्द–शिव-शिव
पर तुमने कहाँ रखी?
इस भक्ति की लाज
पहनाया मुझे चिरन्तर
वेदना का जेवर
फिर भी तुम्हारे लिए

मेरे ओठों पर है
भावभीने गीत
लेकिन हृदय में मेरे
बहती है यह
वेदना दीवानी

21. ले ले मुझे आगोश में

क्या देख रही हैं
ये आँखें?
तेरी पलकों के किनारे
तलाशती हैं क्यूँ
सपनों का वह भावभीना
मिलना-जुलना?
तेरे मुस्कराते हुए होंठ
याद दिलाते हैं संकेत सारे
क्या मिल गया तुझे
वही खूबसूरत लम्हा?
आज तो तू ही
बार-बार उग आता है
देह में और ध्यान में भी
ऐसा कौन-सा जादू किया है तूने
थोड़ी देर पहले तो
सिर्फ आँखों का मिलना था
कमी नहीं थी शब्दों की कोई
फिर भी क्षण भर में बनें
प्राण भी अतिथि
रहने दें वो सारे सवाल
ले लें मुझे आगोश में एक बार
और यूँ हटा दें
सीने में चुकने वाली वो यातना

22. कैसी है ये शाम

देखना था
इसलिए देखा ऊपर
घनी तेरी आँखों में
प्यार जो मिला
ठहरी नज़र और
मैं ही भूल गई
अपने-आप को
अब तो ठहर
पल भर के लिए
चुन लेती हूँ अर्थ
जो गिरा है
बहाना करके
फिर देखा नीचे
और अचानक
मेरे कपोलों पर
झिलमिलाने लगे हैं आँसू
अब तो तू कहेगा
और सुनूँगी मैं
व्याकुल हैं मेरे कान
क्या करूँ मैं?
कुछ समझ नहीं पाती हूँ मैं
पल एक-दो
यह भी वक्त
खत्म होने को आया
एक बार

देखा ऊपर
कैसी है ये शाम
नीले-नीले
बादलों से भरी

23. दहलीज के पास

अपलक नज़र उस
नीले-नीले
आसमान की ओर
कभी बीच के
खम्भे के पास
दीप जला कर
आँखों में नया सपना
भर कर
मन में फूलती हुई
बहार नक्षत्रों की
धुन्ध रातरानी से
कुछ कहकर
ऐसी-ही मैं
तेरी प्रतीक्षा करूँगी
दहलीज के पास
हृदय में बैठी है
तेरी ही मूरत
बार-बार आती है
आँखों के सामने
और...
पलकों के किनारों पर
रुक जाता है मोती

24. कोई मेरे दिल को छेड़ता है

नींद चुरा कर
इन आँखों की
कहाँ ले जाता है मुझे?
खो गया है एहसास
और ध्यान भी
यह सुन्दर गन्ध समारोह यहाँ
वह सपनों का आकाश वहाँ
बार-बार कोई
दिल को मेरे
छेड़ता है
पिरोता है फूलों के सपनों के हार
किसी के गीत के लिए
काफिले बने हैं शब्द
शिशिर का यह तीसरा पहर
और लहराते हैं पेड़-पौधे
नई कलियों की तरह
ऐसा कैसे आता है
क्षितिज के पास
यह पूरब का रंग
पूछ बैठता है अचानक
यह कैसी है पहेली?
वह सूरज सदा
रुकता है पल भर के लिए
पश्चिम के क्षितिज पर
सींचता है अमृत

इस धरती पर
यह चन्द्रमा
उन चन्द्र किरणों-सा
मेरे पास आएगा तू
इसलिए करती हूँ
तेरी प्रतीक्षा
दहलीज के पास
यह दिन-ब-दिन का कपूर
जलता है
उसकी कोई निशानी
नहीं रह पाती
और मँडराते हैं आसपास
तेरी स्मृतियों के पंछी
भावफूलों की नक्काशी को मैं
बैठी हूँ रेखांकित करते हुए
कैसे कहूँ मैं तुझसे
फिर भी
करूँगी मैं प्रतीक्षा
तेरी ही
दहलीज के पास

25. दीवारों में बन्द सपने

बता, कहाँ खो गई
वह मीठी-सी रचना तेरी
जिसके कारण मेरे जीर्ण
प्राणों से फूट पड़ती थीं कोपलें
आँखों में आज वही रचना
जुड़ने से जुड़ नहीं रही
सिर्फ सीने में मेरे
भरी दुपहरी की
वह दहकती हुई आग है
तेरे शक्कर-से मीठे शब्द
शब्द-सी तेरी भाषा
कितनी-कितनी उम्मीदें
जगाती हैं रोज
और फिर शेष रहती हैं
सिर्फ निर्माल्य की राशि
एक बार तूने कहा था
सब कुछ दूँगा मैं
करूँगा मैं तेरे लिए
खून का भी पानी
अब कहाँ खो गई वह
अपने मन की कथा
सह लूँगी मैं यह
सनातन व्यथा

26. उर्मिला

यहाँ उर्मिला की नज़र
जैसे सुन्न हो गई
उड़ा था यहीं से
कबूतर उसका
अभी गात्र गात्र व्याप्त
ये व्याकुल आँखें
सूनी-सूनी-सी उसकी
वह जंगलवासी ठण्डक
उसके सपनों में
साकार हुआ
सूना चन्द्रमासी खड़ा चलना
उसकी चन्द्रगोद को
सींचकर जाना
तेरे चन्दन की
थोड़ी-सी चाँदनी
फिर साँस लेना
कठिन हुआ
उसके बोल जैसे
रात अन्धेर
फिर एक बार दे
कलियों को
पुराने केवड़ा की
पागल झंझा

27. जंगल मोगरा

तेरी पलकों के फूल
मेरे मन में खिलें
सन्ध्या के पक्षियों को
भोर की भुलावट आएँ
जंगल मोगरा के फूल
मेरे लिए तो
जैसे बने हैं पूनम का दान,
और लगता है कि
इन्हें करोड़ों हाथों से चुनें
चैतपल्लव की भेंट
जंगल की पंखुरियों की गन्ध
बढ़ाती है यातनाओं को
खेद विरह-व्रत का
ओस बन कर सहती
इन्हीं जंगल फूलों के लिए
मेरी ये पागल अंजुरी
माँगे विदेह बनकर
सुवर्ण केतकी का गगन

28. फिर आई बरसात

मोतियों की धारा लेकर
फिर आई ये बरसात
तू भी उसमें सुर मिलाकर
मत गाया कर
देख यहाँ, इस पेड़ पर
बैठे हुए पंछी भी भीगे
भीग गई उनके
सपनों की वह नक्काशी
कुछ देर ठहर यहाँ
मत जा तू
आसरा छोड़ कर
उसमें सुर मिलाकर तू
मत गाया कर
आश्विन के महीने में भी
बादल यूँ भर-भर आए
तेरी प्रीत का यह इन्द्रधनुष
लेकर आए
मत चुन ले उसमें से
अलग-अलग रंग
तू भी उसमें सुर मिलाकर
अब कैसे करें विश्वास
प्रेम में
सपने सारे
दीवारों में बन्द पत्थर हो गए
कैसे कहूँ मैं
तू मुझे चाहता था
यह कहते हुए भी
दिल बहुत घबराता है आज

29. सायली

कली-कली
खिल गई
गन्ध दिल में
उतर गई
आ गया
सर पर चन्द्रमा
बिखरे-बिखरे-से
ये बादल
बेसब्र हो गया
वह पंछी भी
आ गई बाढ़
पलकों में यूँ
छटपटाने लगा
अकेला जीव
अपने घरौंदे में
स्मृतियों के जल में नहाया
सब कुछ साफ़ था
फिर भी आकाश की
लाख-लाख आँखें
गीली हो गईं

30. यूँ रूठी मैं शब्दों पर

यूँ रूठी मैं
शब्दों पर
रूठी रही
और यूँ
फँस गई मैं
शब्द ही
मेरे अस्तित्व की
चुनौती बनकर आए
शब्दों के पास ही
मैंने कल
औंधा किया था
वह प्रीति का कुम्भ
पोंछ दिए मैंने
कपोल अपने कई बार
शब्द तो
बन गए कोमल धूप
शब्द ही
छाया हो गए
इन शब्दों की
सिलवट में छुपीं
आकाश-सी माया
इन शब्दों में
निष्ठा मेरी
इन शब्दों में ही
मेरा स्वर्ग

इन शब्दों के
बीच जैसे
दौड़ता है मेरा
जीवन-मार्ग
नहीं रूठना अब
शब्दों पर
फिर भी
जो होगा नसीब में
सहना है
बस मुझे ही
क्या कसूर है
इन शब्दों का?
शब्द तो कोमल
शब्द तो पीले
शब्द ही तो
जामून पी गए

31. तेरी पलकों के देस में

मत कर मेरे लिए
इतनी दौड़-धूप
तेरी एक हँसी से
मिलता है मुझे गन्धदान
उतना सुख सदा दे दे मुझे
प्राण तो सजेंगे-झूमेंगे
रेत पर चलते हुए
सपना आँखों से मिलेगा
आई हूँ कभी आवेश में
तो बस प्रेम की खातिर
तेरे लिए तो खिलेंगे
मेरे ओठों पर ये हरसिंगार
तू ही एक ऐसा पेड़ है
जहाँ बस मिलती है मुझे छाँव
यातना मन की बताते हुए
आँसू आँखों में छा जाते हैं
एक ही माँग मेरी तुझसे है
मुझे चुन लेने दे चाँदनी
तेरी पलकों के देस में
मत गाया कर
खिल उठी लहरों से
मीठी-सी गन्ध
स्मृतियों का मोर भी
जैसे नाचता है
किरण की तरह

उसके ताल के साथ
मत डूब जा
तू भी उसमें
सुर मिलाकर
मत गाया कर

32. यूँ किसी को सताना अच्छा नहीं

चन्दन के देस में
मेरा यह अनोखा खेल
पंछी को वापस लौटने में
हो गई देर
खेल में इकट्ठा किए
मैंने भी सारे फूल
सन्ध्या समय आया
पंछियों का वह काफिला
कभी-कभी इस खेल में
गलती तो हो ही जाती है
इसलिए क्यूँ?
आज यह गुस्सा मुझ पर
इसलिए क्यूँ?
धूप में मेरा घर बनाया
चमकते सूरज का
ऊपर टाँग दिया यह झूमर
चाँदनी के देस में
यूँ किसी को सताना अच्छा नहीं
यहाँ तो बना है
हर पहर सुन्दर

33. मिलें बस नज़र से नज़र

भूल कर सब कुछ
उठें यूँ ही और
दौड़ें तेरे पास
शब्द-शब्द मेरा
मँडराये तेरे कानों पर
एक बूँद आए
कपोल पर तेरे
थपथपाकर मुझे
कहें कुछ तो
अरमान जीने के
जाग उठें यूँ फिर से
नहीं चाहिए कुछ भी तुझसे
मिलें बस नज़र से नज़र
जानती तो हूँ मैं सब कुछ
फिर भी
दिन में भी
क़ाफ़िला यह जुगनुओं का
देता है आलोक

34. केतकी के बन से

कहीं दूर
केतकी के बन से
सीटी बजाई हवा ने
और घनी छाया ने
सींच दी थोड़ी-सी नील
मिट्टी की गन्ध
मेरे मन की तलहटी में
व्याकुल हो गई है चाँदनी
किसलिए छेड़ दी
यूँ अचानक यह धुन
मोगरा की यह
महकी-महकी गन्ध
बह गई
दोनों को मिलाकर
टिप-टिप मोती की तरह
जम गईं बूँदें कपोलों पर
यादों का यह कागज
यूँ ही हो गया टूटा-फूटा
इन्द्रधनुष के रंग
फिर इकट्ठा हो गए
आँखों के पास
हाथ पिरोने लगे
सपनों से चुनी
कलियों के पास
क्षण-दर-क्षण

खत्म होने लगा
यूँ यह विरह का समय
तुझसे मिलने के लिए
कितनी हो गई हूँ
बेताब मैं

35. प्यासे हैं मेरे गीत

उसकी छाँव में
उसका आकाश भी
नीला-नीला
पेड़-पौधों में
मिलता है उसे
केवड़ा का दान
सावन की लहर
गाती है आँगन में
गुनगुन और अचानक
गाने लगता है मोर भी
जलबेल की तलहटी में
गाती है कोयल भी
देवचम्पा की तलहटी में
ऋतु कौन-सी है खाली?
वह दोपहर का सूरज
मुझसे माँग लेगा
मेरी चाँदनी
दीया-बाती के पहले ही
जंगल फूलों का
सर्द मौसम में यूँ
प्यासे हैं मेरे गीत
उसकी छाँव के लिए
आता है
मेरी आँखों में पानी

36. जंगल झड़ी की वर्षा

बादल यूँ
बूँद-बूँद बनकर
बिखर गए
मेरी आँखों में
जंगल झड़ी की
यह वर्षा
पंख-दर-पंख से
मिलती है
घाटी-दर-घाटी का
यह अँधेरा
यहाँ मन को
घेर लेता है
और...
चेतना जगाते हुए
चला जाता है
माटी की यह
सोंधी सी महक
जंगल-दर-जंगल सोच में
अंकुर-दर-अंकुर की
पहली बूँद के
ये बादल
लहराते हैं तब
मेरी इन आँखों में
और...
फूलों-परागों के गीत
माँगते हैं मुझसे जीवन

37. आता है आँखों में पानी

साँवले मेघ ने
कल बाँट दी
केतकी की बूँद
सिसकी जूही की
हो गई अवरुद्ध यूँ कण्ठ में मेरे
बजाई सीटी किसी ने
केले के बन से
और...
उतर आई कागज पर
वह पंक्ति
तेरे गीत की
भर गया आकाश
बादलों से
हवा और बिजली के साथ
बाँधता है मोर
पैरों में अपने
यातना किसी की
कोई राघव समय पर
सींचता है ओस पत्तों पर
फूलों-कलियों की गन्ध
पिरोता है मन में मेरे
ऐसे में
मौन तेरा
बढ़ाता है मेरी वेदना
और
आता है आँखों में पानी

38. गीली पलकें

जब तू चला था
क्या हुआ तब?
क्या निकल आया था चन्द्रमा
क्षितिज पर?
क्या आया था दरिया में
जोरों का तूफान।
किसने दिया तुझे
इतनी दूर
विदाई का शक्कर-पानी?
किसने अपने आँचल से
पोंछ दी
बेशुमार सिसकियों भरी
गीली पलकें?
क्या कोई फूल
झुका था वहाँ?
क्या बहारें भी
व्यथित थीं वहाँ?
क्या पहुँच गई थीं
वहाँ मेरी आँखें?
जब तू चला था
कैसा महसूस हुआ तुझे?
मेरे आसमान पर तो
नज़र आए
बस पंछियों के
क़ाफिले ही क़ाफिले

39. यूँ किस लिए देता है बेकरारी?

नहीं जानती मैं
क्या हो रहा है मुझे
मन के भीतर
चुभ रहे हैं शूल
यहाँ इस समन्दर में
नहीं कहीं भी गाज
फिर भी
भिड़ती हैं लहरें
इन गात्रों से
उड़ रहे हैं–
लाखों पंछी
तलाश कैसे करूँ
और क्या है सन्देस?
पत्तों के कानों से निकला
यह अर्थ
तू भी समझ न पाया
यूँ इस दोपहरी में भी भरी है मन में चाँदनी
तेरे हृदय पर उसको कैसे अंकित करूँ?
लाख फूलों के हार पिरोकर
तुझ पर समर्पित हैं
शब्दों के सुर
जंगल का यह मोर भी
पंख फैलाता है
यूँ किसलिए देता है
यह बेकरारी मुझे

40. इस राह पर

इस राह पर
भुलाकर तेरी
कदमों की चाँदनी को
कदम-दर-कदम
चुन लेता है
मेरा मन यूँ
एक-एक फूल
पत्तों पत्तों के इशारे से
जम गई हैं
तेरी साँसें
यहाँ की हवाओं में है
बस तेरी ही सुगन्ध
कितने वर्षों के बाद
आई है यह
पहली बार हरी-भरी ऋतु
मैं और तू
किस डाल पर
बौराये कैसे
मालूम ही नहीं
निकला है यह
नया तारा आकाश में
पहली पहली बार
कितना सुखद है ये
चैत के बहारों का
ठण्डा नीम

41. कोई तो यहाँ आए

उसके शब्द
उसके पास
उसे नहीं है
शब्द गन्ध
उसका गीत
गाती है हवा
उसे नहीं है
आत्मबन्ध
इसी बड़ के तले
व्याकुल होती है
रोज यह माया
पंछियों की चहचहाहट
और उसकी
रोमांचित होती हुई देह
कोई तो
यहाँ आए
इस क्षेत्र में
चलते हुए
और बालों में पिरोये
जंगल-फूलों के हार
बड़ का पेड़
करता है यहाँ यूँ
रत्नों की बिखरावट
आखिर क्यों
और किसलिए
तड़पते हैं ये प्राण?

42. सुनाई देती है बाँसुरी

पागल बनाकर
मेरे दिल को
कहाँ खो गया कान्हा
आम्रतरु पर व्याकुल होकर
देती है कोकिला तान
रिमझिम धाराएँ
उनको न सहारा
यहाँ ढूँढ़ा
वहाँ ढूँढ़ा
निकल आए सिर्फ
रेशम के धागे पुराने
मृद्गन्ध से
कालिन्दी के किनारे-किनारे से
रास्ते का पता पूछते हुए
फेनिल-फूलों की बहारें
क्यारियाँ
लग रहा है
जैसे ये लहरें हैं
पागल बनाकर
मेरे दिल को
कहाँ खो गया कान्हा
दूर पुल के उस पार
बस सुनाई देती है
बाँसुरी मुझे

43. स्मृतियों का खेल

समझ में नहीं आता
ऐसा कैसा ये व्यवहार
सामने मौन रहकर भी
विचारों में जागते रहना
मन से लगता है
तेरे साथ जी लें
पर कितना मुश्किल होता है
खुद को सँभाल पाना
इतनी दूर रहकर भी
तेरे साथ जीती हूँ
वहाँ के तेरे गीतों के
शब्दों को यहाँ सुनती हूँ
कान भर कर भी
कुछ शेष रहेगा
कोई ऐसी बात
तुझ से कहनी है
जो लेकर भी
कम नहीं होगी
कोई ऐसी चीज
माँगनी है
रात और दिन
चलता ही रहता है
स्मृतियों का यह
छमछम खेल

44. कभी कभी मन का कबूतर

कभी कभी
मन का कबूतर
यूँ ही अँधेरे में
विरह-व्याकुल होता है
आँसू की एक बूँद
आँख के किनारे
झलकती है
जगत की रीत ही निराली
कदम-कदम पर
यहाँ पहुँचे ठेस
बगल में जिसके छुरी
सन्त वही गीता कहे
सब कुछ जान लेने पर
लगता है जैसे जन्म व्यर्थ
पापियों के सर पर
रोज चढ़ते हैं ताज
खोई है मनुष्यता
सगे सगे ना रहे
आँखें खुली रखकर
ईश्वर कैसे तुम सहते हो?
कभी कभी मन का कबूतर
विरह व्याकुल होता है
बूँद-बूँद वर्षा की
लाज रखता है थोड़ी-सी

45. आसपास

तेरी मस्त साँसों की
पंक्ति-पंक्ति गालों पर
स्पर्श की वसन्त गन्ध
मचलती है पलकों पर
तेरे ये चरण कमल
मिट्टी से बौराए हैं
आसपास
क्यूँ यूँ ही बबूल भी
बाबरी हो गई
अचानक वर्षा का यह सावन
क्यूँ रिमझिम बरसने लगा है
टहनियों की ये नादान हवाएँ भी
क्यूँ थक गईं?
आसपास यह तेरा ही
चन्दन-वन महकने लगा है
और मन में मेरे
गंगा का निर्मल जल
झरझर कर बहने लगा है

46. कैसे कहूँ मैं?

मत निहार
मेरी आँखों में
बढ़ जाता है
मेरा नशा
तेरी आँखों की किरणें
बनकर आती हैं
खूबसूरत ग़ज़लें
यूँ तू
कुछ मत कह
बस मैं तुझे
देखती ही रहूँ
पूरा का पूरा
तेरे शब्दों का
वह चन्द्रमा
रख जरा यूँ जतन से
कुछ कहने को
मत बना मजबूर मुझे
कैसे कहूँ मैं
ये अपनापन?
यहाँ तो है
जज़्बातों की भाषा
उसका बहाव भी है निराला
मत बुला
तू मुझे दूर से
बँधे हुए हैं

मेरे ये पैर
खरगोश के कलेजे-सा है
मेरा ये मन
आहट को भी
जान लेता है यह
कुछ मत कह मुझसे
चुप रहकर भी मैं
समझती हूँ सब कुछ
बस तड़पाती हैं
रात-दिन मुझे
ये मदमाती हवाएँ जंगल की
मुझसे दूर
मत जा तू
आती है यूँ बाढ़
पलकों में मेरी

47. फड़कती पलकें

फड़कती हैं
ये पलकें
किसलिए
और क्यूँ
हो जाएँगी
मुलाकातें
आज नहीं तो कल
पर क्या दे पाएगा
मुझे वही
पागलपन?
फिर वही
पुराना चुराया हुआ
एक सपना
क्या दे पाएगा मुझे?
मिल जाएगा
बिस्तर
राह पर
तेरा साया
क्या जतन कर पाएगी
थकी-हारी
यह गन्धकाया?
पुराना निर्माल्य
गलकर
नई आशाएँ
जाग उठेंगी

फिर भूल जाऊँगी
सारे प्रश्न
क्या दे पाएगा
कोई ऐसी धुन मुझे?

48. मेरी वो शेष भोर

हे ईश्वर
कब होगी खत्म
यह पहाड़ों की घाटी?
कब होगी मेरी भोर
चन्दन के देस में?
घना अँधेरा
मेरे मन में
कब जलेगी बाती?
दर्द की यह कराह
कहें किससे और कैसे?
कब मन का अँधेरा
जाएगा क्षितिज के पार
कब चमकेगा
वह शीतल चन्द्रमा?
ढल जाती है रात यूँ ही
खुलतीं नहीं आँखें
भोर के समय
पौ भी फटती नहीं
हर जगह है
केवल वह दोपहर की आग
कैसी विचित्र है यह यात्रा
केवल चलना है
और चलना है
बूँद बूँद झरता है आँखों से
शब्द भी तो गूँगे-से लगते हैं

बता कब होगी खत्म
ऊँचे पहाड़ की
यह घाटी?
और कितनी दूर है
मेरी वो शेष भोर?

49. स्मृतियों की सीपियाँ

बता दे
क्या वहाँ भी
नीम के बीच से
चन्द्रमा यूँ ऊपर आया है?
क्या तेरी देह
चन्दन बनकर
उसके कोहरे में
नहाई है?
सूरज के डूबने पर
रंग गुलाबी
क्या तूने भी
कभी देखा है दूर से?
वहाँ की उस
व्यथित सन्ध्या-धुन से
क्या हँस पड़ा है
विरह का स्वर?
क्या बौराई है वह
स्मृतियों की चम्पा?
क्या उस सन्ध्या-वन से
पंखों को समेटते हुए
मोर भी लौटा है?
बैठी हूँ यहाँ
मिलती है धरती
जहाँ सागर से
यहाँ की रेत में

खोज रही हूँ मैं
स्मृतियों की शंख-सीपियाँ
बता दे
वहाँ फिर क्षितिज के नीचे
उदास चन्द्रमा डूबा है क्या?
क्यूँ टपकी है एक बूँद
अचानक तेरी आँखों से?

50. धीरे से झाँका दरख़्त ने

कहीं तो
छुपे हुए
दूर क्षितिज के
उस पार
आज अक्षर के
बीच से
धीरे से झाँका दरख़्त ने
उसकी डाल-डाल से
बौराया मेरा मन
शब्द-दर-शब्द से उसके
बन गया यूँ एक गीत
दिल के किसी कोने में थी
यातना की वह रहस्यमयी जड़
यूँ अचानक
वहाँ खिला आज एक फूल
फूल और शूल
दोनों के लिए
ये कौन कारीगर है
जो इस शरीर में
बनाता है
धूप-छाँव का घर
मुरझाता है कभी फूल
शूल किन्तु चुभता रहता है
बहती हवाएँ ठण्डक देती हैं
और कहीं तो छुपे हुए

दूर क्षितिज के उस पार
आज अक्षरों के बीच से
धीरे से झाँका दरख़्त ने
जगाया है यूँ आज उसने
मेरे मन का माघ
बौरा गया है अन्तरंग भी
यूँ कुछ तो ठण्डी हुई है
ये आग दिल की

51. आसमान का ओढ़ना

बूँद-बूँद आसमान का
डाल दे मुझ पर ओढ़ना
चाँद तारों के काफिलों का
यहाँ हो बिछौना
जहाँ चाँद ठहर जाएगा
वहाँ पर माथा टेकेंगी
चाँदनी की चमकान होगी
तेरे-मेरे पाँवों के पास
बूँद-बूँद आसमान की
ओढ़कर वह नीलिमा
भोर की तलहटी के निकट
यूँ पिघल जाएगा मेरा मन

52. प्रायश्चित्त

कहीं पर आज
बह गया वह
भावों का बहाव
किसी ने चुरा लिया
मोगरा मेरे मन का
ठण्ड सहनशील मन का
कहीं खो गया वह पारा
किस देस लौटी
केतकी की गन्ध से भरी हवाएँ
किसी आग सहने वाले ने
उसको शिशिर प्रदान किया
ये कैसा प्रायश्चित्त उसका
कोई कसूर नहीं जब उसका

53. कुछ है अभी भी

कुछ है अभी भी
हृदय में इकट्ठा हुआ
तेरे भीतर की आँखों ने
कभी उसे पढ़ा ही नहीं
उसकी गन्ध
कभी महसूस नहीं की तूने
चख लें शहद कैसे?
प्रश्न यही था सामने
कुछ है अभी-भी
आँखों के पीछे
छुपा हुआ
कैसे कहूँ तुझसे?
मन की बातें
पता नहीं कुछ भी
समझ नहीं पाती कुछ भी
सच कहते-कहते
प्राण यूँ थम जाते हैं
कुछ है अभी-भी
पंखुरी से चिपका हुआ
ना-ना कहते हुए
यूँ फँसे हुए हैं हम
बता नहीं पाएँगे तुझे
उसका खुलकर मतलब
अगर हो ही गया निर्माल्य
पंखुरियों में बिखरकर

54. रोमांच के क्षणों में

प्यासे जीव के लिए
गर्मी में जैसी वर्षा
वैसे ही तेरी नज़र
सिर्फ मेरे लिए
रोमांच के क्षणों में
स्वीकार का यह बन्धन
कुछ वैसे ही
तेरी यह मुस्कान
सिर्फ मेरे लिए
सन्ध्या संमय
जैसे आँखों में आँसू
वैसे ही
तेरे वो गीत
सिर्फ मेरे लिए

55. तड़पती हूँ मैं

ढलता हुआ
वह सूरज
क्षितिज के नीचे
आँख से टपकी हुई बूँद
गालों पर अटकती है
यूँ अचानक
आसमान के डूबते रंग भी
भीगी आँखों में
झिलमिलाते हैं
अवरुद्ध गले में मेरे
गीत तेरा थम गया है
और...
दुख से भरी हूँ मैं
तेरे दूर
बहुत दूर जाने से
और...
मेरी मौन व्यथा का
वह आक्रोश
आँखें बिछाकर
तेरी राहों पर
यूँ सारी-सारी रात
तड़पती हूँ मैं

56. बेचैन है दिल मेरा

कैसा है
ये अनूठा शौक मेरा
निहारती हूँ सदा
तेरा ही रास्ता
तड़पाती है वो सन्ध्या की वेला
और खड़ी रहती हूँ मैं यहाँ
दरवाजे के पास
लेकर फूलों का नज़राना
बेचैन है दिल मेरा
तेरे दिल से मिलने को
कब आएगा तू?
पूछती हूँ मैं
इस खुले गगन से
आएँगे बतियाते तेरे साथ
मन के वो तारे भी
कभी-कभी
यूँ आती है महक
रातरानी की
हवा के साथ-साथ
और बुझने लगते हैं चिराग
मद्धम होती है रोशनी भी
जाने-अनजाने
थम जाती हैं हवाएँ भी
सर्द हवाएँ
आसपास मँडराती हैं

तेरी बाँहों की वो गर्मी
यूँ तो सपनों में भी
गरमाती है
तेरा वो न आना
और फिर लाख
बहाने बनाना
आँखें मेरी यूँ
हो जाती हैं गीली
मेरी मौन वेदना
मन में मेरे
छटपटाती है
मुझसे कुछ कहने के लिए

57. सुख का भ्रम

मत ले आ
कभी फूलों के गजरे
मेरे लिए
वो सुख
वो बहारें
मेरे नसीब में कहाँ?
मगर वसन्त की उन क्यारियों को
निहारते हुए
तुझे याद आएँगे
मेरे महके-महके बाल
जब भी मद्धम होती है
चिराग की बाती
कभी मत पिरोना अपने हाथ
गले में मेरे
झरोखे से झाँकते चाँद को देखकर
यूँ लगता है कि...
तू रहे सदा मेरे पास
कभी यूँ मत गा
कोई गीत मेरे लिए
और मत बहा आँसू
कभी अपनी आँखों से
जब-जब गाऊँगी मैं
सुन ले तू भी
दिल लगाकर
बस इतना तो

कर सकता है मेरे लिए
जिन्दगी क्या है इसके सिवा
सच कहूँ
सुख का वो भ्रम भी
कितना अच्छा है मेरे लिए

58. मिल गई मुझे राह

बहुत दिन बीते
कागज से मैंने
कहा कुछ भी नहीं
बस रूठकर शब्दों से
मौन बनकर मैं
चलती ही रही
कहा कुछ भी नहीं
तभी तो
भर आया गला
मुझे मालूम था
वो हार मेरी ही थी
फिर भी
लड़ पड़ी मैं
कैसे वैसे
बिना हथियार के
जख़्म तो हुए बेशुमार
आँखों से बहने लगे
आँसू खून के
और फिर
यह जान लिया
बस धोखा है यह संसार
पता तो चला है मगर
वो रास्ता कहाँ है?
दिशा से बँधी हुई हूँ मैं
दौड़ेगी क्यों अब दिशा

फिर लौट पड़ी मैं चुपचाप
शब्दों के निकट
और निकट स्याही और कागज के
इस संसार में
आख़िर मिल गई मुझे राह

59. माँग

अगर देनी है
तो मुझे एक भुलावट दे दे
जो तुझे-मुझे
बाँध लेगा एक रिश्ते में
एक ऐसा अनाम फूल दे दे
अगर देना ही है
तो एक ऐसी साँस दे दे
जिन्दगी झूम उठेगी
ऐसा एक मीठा
संजीदा भ्रम दे दे
अगर देना ही है
तो एक आलिंगन दे दे
जिससे जीवन मधुर बने
ऐसी एक निगाह दे दे
अगर देना ही है
तो बस उतना दिल दे दे
शबनम से भरी भोर को
नए सूरज का उदय दे दे
इतना माँगकर भी
कुछ माँगना शेष है
कैसे कहूँ मैं
तेरे लिए
क्या-क्या और
कितना-कितना
सहा है मैंने

60. किसने चुराया वह आसमान

ये दिल
कहीं लगता नहीं
आँखों से
बहते हैं आँसू
कहीं किसी
दूर के साये से
कोई मुझे करता है इशारा
इस दिल में
फूल भी तो चुभते हैं
तीर की तरह
क्यूँ आया
यह शिशिर?
फूलों के बीच का
यह मधु
यूँ तो गीला है
दिल में मेरे
हलचल मचा रही हैं
यादें
पीपल के पत्तों में
किसने चुराया
वह आसमान
जिसमें कभी
हँसते थे नक्षत्र भी
ये दिल
कहीं लगता नहीं

क्यूँ सता रही हैं
ये हवाएँ
अनजाने जिस्म पर
कैसे जागता रहता है
यह रोमांच

61. आठ दिनों की स्मृतियाँ

आठ दिनों की
अष्टादश स्मृतियाँ
पिरोकर बसा है
यह गान्धार
कितना व्याकुल
बिखरा है यह अँधेरा
कितना सूनापन
भर आया है
सभी दिशाओं से
कब निकल आएगी
मेरे क्षितिज पर
तेरे अपनेपन की
कुंकुम कोर
प्रतीक्षा में है
यह पागल चकोर
अभी-अभी तो
खत्म हुआ है
विरह का पहला पहर
तेरे स्मृति-पक्षियों ने
मचाया है
कितना शोर
सारे आकाश में

62. यूँ देखा है किसी ने

पढ़ी है मैंने
परसों ही
तेरी आँखों में
थोड़ी-सी यातना
छोड़कर जाते हुए
और अटक गया है
गले में गीत
तुझे यूँ गाते हुए
कुछ अवरुद्ध-सा हुआ गला
जब चन्द्रमा ने दूर किया
चकोर को
कहाँ खो गया वह
तेरी नज़रों का
कशिश भरा करिश्मा
पहली बार
यूँ देखा है किसी ने
मेरी ओर आकुल होते हुए

63. अटूट

वक्ष पर तेरे
माथा टेक कर
कहूँगी मैं
गाथा अपने
हृदय की
चैत चाँदनी की
आएगी भुलावट
विश्राम के बोल
आएँगे ओठों पर
बालों में
अँगुलियाँ डालकर
नसीब के रास्ते
सुन ले
तू भी
और
भोर के समय
क्षितिज के रंग
मन से अटूट
लिपट जाएँ

64. कभी कभी तो

कभी कभी तो
यूँ अचानक
भर आता है आसमान
कहीं-न-कहीं से
मिल जाता है रास्ता
बरसने का उसे
मन भी तो
भर जाता है यूँ
लबालब
पलकों का बाँध भी
फूट जाता है यूँ
खो जाती है राह
और...
दिशाएँ बोने लगती हैं काँटे
नालों में
आती है जब बाढ़
किनारे से सटे
पेड़-पौधे भी
झुक जाते हैं
मेरा वो चाँद-तारों का गीत
यूँ ही सूख जाता है
ओठों पर ही

65. कहना है खूब

लिखा है खूब
फिर भी मिलती नहीं गाथा
कहाँ से ले आऊँ शब्द
तू ही बताएगा अभी
कहना है खूब पर
शब्द मिलने से
नहीं मिलते
कौन है वो जो
अंजुरी भर कर
पाँवों में बिछाता है
काँटे?
देखा है खूब
फिर भी
हटाने से हटती नहीं
नज़र
कौन-सी है वो तारीफ
जो तेरे रूप में
यूँ उभरती है?

66. मत जा अकेले

यह पहली बारिश
तुझ में मुझ में
एक ही आँगन
पैरों में भीगा
पहली बारिश
घास-फूँस
हवा को
यूँ ही हिला दे
और मन के पारे को भी
पहली बारिश
मोर भी जाने
उसके ही पंखों को
जंगल में जो गलते हैं
पहली बारिश बिजली से भेंट
डर-ही-डर
पहली बारिश
बारिश और बारिश
मत जा अकेले
छोड़कर मुझे

67. बावरी खड़ी हूँ मैं

दिन तो ढलता है
कामों में
शाम मगर
ढलने से नहीं ढलती
सीने में है तड़पन
शाम ढलते हुए
वो भी ढले
लौट आते हैं पंछी
घोंसलों में
अपने-अपने
और उनकी वो
खुशी से भरी चहचहाहट
मेरे मन में
लौट आता है
वो कबूतरों का काफिला
आँखें मेरी तो क्षितिज की ओर
इन सूनी आँखों में
फैला है आसमान
उसकी यादों के वो अंबार
इश्क के सवाल का जवाब
दिल ही दिल में
यूँ ढूँढ़ती हूँ मैं
ये हवाएँ
रातरानी की गन्ध
बिखराती हुई

यूँ आती हैं
शाम मगर
ढलने से नहीं ढलती
बावरी खड़ी हूँ मैं
यहाँ दहलीज के पास
ऐसी काजल वेला में
रोज सुध-बुध
खो जाती हूँ मैं

68. आलिंगन

वह मदभरा आलिंगन
और...
वह पल-पल
पिघला देने वाला पल
कुछ याद नहीं है आज
बस याद है वह
मदभरा आलिंगन
यूँ लगता है कि...
आज भी
बस वहीं ठहरना चाहिए था
वक्त को
वह छुपी हुई
चाँद की रोशनी
चिपकी है कलेजे से मेरे
उसकी वह दूध जैसी रोशनी
करीब है मेरे दिल के
भूल बैठी हूँ मैं
अपनी सुध-बुध भी
वह एक पल आकर
यूँ मिल गया
कान्हा जैसे
मीरा से मिल गया

69. यह जिस्म फूलों की सेज-सा

सजना यूँ आएँ
पल-भर में मुझ से
मिल कर जाएँ
उसकी वो शरारती बाँहें
उनसे लिपट जाएँ
मेरा यह जिस्म
महकी-महकी उसकी
साँसों में
मिल जाएँ यूँ
मेरी भी साँसें
भुला देंगे फिर
वो सारे दुख
ऐसा भी मिले
एक वहम मुझे
उसकी वो
पिघलती आँखें
डूब जाएँ
मेरी इन आँखों में
खिल उठेगा वसन्त भी
कलियों में
बहार मौसम की देखकर
उसका वह
कुछ चुपके-चुपके कहना
भर लें इन कानों में
और पी लें वो,

उसका प्रेमामृत पेट भर
शहद-सा उसका वह
मीठा स्पर्श
ओढ़ लें सारी
रग-रग पर
यह जिस्म
फूलों की सेज-सा
बिछा दें बस
उसकी ही ख़ातिर
सजना यूँ आएँ
और भर लें अपनी
इन शरारती बाँहों में

70. पलकों में तेरी रहने दे मुझे

मत कर मेरे लिए
इतनी दौड़-धूप
तेरी सिर्फ़ एक हँसी से
बस मिलता है मुझे
एक नया जीवन-दान
बस इतना-सा
सुख दे दे मुझे
प्राण झूम उठेंगे मेरे
और रेगिस्तान में चलते हुए
तेरा सपना मेरी आँखों को
एक ठण्डक देगा
गुस्सा हो जाती हूँ कभी
वो भी बस तेरे
प्यार की खातिर
खिले हैं तेरे लिए तो
ये मेरे ओठों के हरसिंगार
तू है ऐसा एक दरख़्त
मिटा देता है दर्द
जिसका साया
जब-जब होती है
अभिव्यक्ति व्यथा की
भर जाती हैं आँखें मेरी
आँसुओं से
तू मेरा फूल है
एक माँग है तुझसे मेरी
बस पलकों में तेरी
सदा रहने दे मुझे

71. तेरे मेरे द्वार पर

तेरा घर
मेरा घर
इन्द्र का है ये वैभव
भावों की वो शुद्धता
तेरी-मेरी आँखों में
सूप-टोपली से सजा
अपना यह प्रासाद
कोई नहीं जगह यहाँ
खेद के लिए
तेरे-मेरे द्वार पर
आती हैं बारिश की लहरें
और हो जाते हैं गीले
दो दिल हमारे
घर में
आरापारा
यहाँ-वहाँ
ममता की छाया
पंछी भी आते हैं
लेने विश्राम यहाँ
तेरा-मेरा घर
दोनों का मायका
और ये फूलों के तोहफे
यहाँ दहलीज के पास

72. प्रतीक्षा

सँवलाई शाम
क्षितिज का विस्तार
प्रतीक्षा करती हूँ मैं
रोशनी की
सारे आकाश में
बिखरी है चाँदनी
मन में भोर हो
सुन्दरता की
किसी की यादें
सँजोकर रखी हैं
हृदय में
मैं समझ गई हूँ
वो निशानियाँ
यूँ वह निकट
प्राण से लिपट कर
जैसे छेड़ रहा है
कोई धुन
पंचप्राणों की

73. पल-पल तेरा

तेरे कदमों की
निशानियों की गन्ध
मिट्टी में समा गई
मेरी यात्रा थम गई
सन्ध्या के जुगनुओं का काफिला
और बेंत के रंग जैसा आकाश
यही तेरा-मेरा
मिलने का समय
आज का पल-पल तेरा
मन तो बना है
सायली का हार पर
तू तो है क्षितिज के पार
हर रोज
उसकी पलकों से
गिलना-जुलना
पूछता है मोर कुछ तो
क्या कोई
तुम्हारे आँगन में
बरसता नहीं
वह प्रश्न भी
सँभाल नहीं पाती
इतना भारी है
गन्धभार
उसके फूलों की यातना
दूर क्षितिज के पार

आठ महीनों की वर्षा
उसके ओठों की प्यासी
अब कब मुमकिन होगा
अचानक बरसती उस
वर्षा से यूँ मिलना-जुलना

❑❑❑